Aufgewachsen in NÜRNBERG in den *60er* und *70er* Jahren

IMPRESSUM

Bildnachweis:
S. 3, 4 oben und unten rechts, 10, 11 oben, 17, 18, 19, 22, 27, 28 oben, 54, 56 Familienarchiv Wunder; S. 4 unten links, 11 unten, 23, 24, 25, 26, 28 unten, 39, 40, 41, 48 oben links, 51 Christian Neumeister; S. 42, 48 oben rechts, 50 Margot Schöneberg; S. 36, 43, 44, 49 unten, 48 unten, 53 Archiv der Nürnberger Nachrichten; S. 14, 15, 16 aus: „Menschen in einer neuen Stadt" – Veröffentlichung des Bürgervereins Nürnberg-Langwasser; S. 12, 20, 21, 2930, 31, 32, 33, 34, 35, 37, 38, 45, 46, 47, 49 oben, 52, 55, 57, 58, 59, 60, 61, 62, 63 ullstein bild

Titel:
Mädchenmotiv: Archiv Claudia Brandau
Jungenmotiv: Presse-Bild Poss, Dipl.-Ing. Oscar Poss
Stadtmotiv: Nürnberger Nachrichten

Wir danken allen Lizenzträgern für die freundliche Abdruckgenehmigung. In Fällen, in denen es nicht gelang, Rechtsinhaber an Abbildungen zu ermitteln, bleiben Honoraransprüche gewahrt.

1. Auflage 2009

Gestaltung: Ravenstein + Partner, Verden
Satz: Sislak Design Werbeagentur, Bad Soden-Salmünster
Druck: Thiele & Schwarz, Kassel
Buchbinderische Verarbeitung: Buchbinderei Büge, Celle

34281 Gudensberg-Gleichen · Im Wiesental 1
Telefon: 05603/93050 · www.wartberg-verlag.de

ISBN: 978-3-8313-1934-3

Liebe Leserinnen und Leser,

Kinder und Jugendliche können sich das heutzutage gar nicht mehr vorstellen: Aber wir Kinder der 60er und 70er Jahre wuchsen tatsächlich ohne Handy, PC, Spielekonsole oder gar mp3-Player und iPod auf. Wir spielten im Pausenhof noch Gummitwist, Fangerlenz oder Webbeln und waren nicht jederzeit erreichbar. Das ging auch. Wir trafen unsere Freunde am Nachmittag auf der Straße zum Bolzen oder Toben. Dass man Freundschaften auch virtuell pflegen kann, das wussten wir damals – zum Glück – noch nicht. Es war eine unbeschwerte, schöne Kindheit in Nürnberg.

Macht man sich die Mühe und kramt in sentimentalen Momenten alte Fotos heraus, erlebt man so manche Überraschung. Die Väter posieren auf den schon leicht vergilbten Bildern in engen Hemden mit Stehkrägen. Die Koteletten sind lang, die Haare auch, die Hosen weit ausgestellt. Die Mütter haben ihre Haare hochtoupiert, die Röcke sind gewagt kurz. Und das propere Kindchen, das für den Pixy-Fotografen mit Ball in die Kamera schaut, das sind ja wir selbst.

Unser Nürnberg hat sich verändert – und auch wieder nicht. Mitte der 60er Jahre waren die schlimmen Verwüstungen des Zweiten Weltkriegs weitgehend behoben. Zwar spielten viele 60er-Jahre-Kinder noch in Hausruinen, doch der Wiederaufbau und Neubau war spätestens 1966 beendet. Die historischen Gebäude wie die Kaiserburg, der Schöne Brunnen oder die Lorenz- und Sebalduskirchen prägen unser „Nämberch“ seit dem Mittelalter bis heute. In den 60er und teilweise bis in die 70er Jahre hinein kaufte man ganz selbstverständlich beim Tante-Emma-Laden um die Ecke ein. Von Discountern und Supermärkten, in denen man alles bekommt, noch keine Spur. Die Straßenbahn fuhr an der Lorenzkirche vorbei, wo heute die U-Bahn unterirdisch die Menschen befördert. Als Kind grüßten die Buben mit einem Diener, die Mädchen machten einen Knicks und sagten „Grüß Gott“ anstatt „Hallo“. Eine Zeitreise in die Kindheit der 60er und 70er Jahre ist ebenso spannend wie unterhaltsam und stimmt so manchen vielleicht auch nachdenklich. In jedem Fall lohnt sich die Reise.

Claudia Bidner-Wunder im Alter von zwei Jahren.

Claudia Bidner-Wunder

Nürnberg wächst und wächst

Von den großen Zerstörungen des Zweiten Weltkriegs hatte sich Nürnberg Anfang der 60er-Jahre rein äußerlich bereits weitgehend erholt. Die wilden 68er-Zeiten, sexuelle Revolution, Hippies und Umweltschutz waren allerdings noch kein Thema. Der allgemeine wirtschaftliche Aufschwung der 50er Jahre ermöglichte eine schnelle Wiederherstellung der Produktionsstätten, der Verkehrseinrichtungen und vor allem auch den Wiederaufbau der zerstörten Stadt und den Neubau von Wohnraum. 52 Prozent aller Wohnungen waren in Nürnberg während des Krieges total, 12 Prozent stark und 23 Prozent mittel beschädigt worden. Der neue Wohnraum war daher dringend nötig. Auch durch die Rückkehr der Zwangsevakuierten und den Zustrom von Flüchtlingen und Vertriebenen aus den deutschen Ostgebieten stieg die Bevölkerungszahl in Nürnberg wieder an. 1956 lebten in der Stadt wieder so viele Menschen wie vor Beginn des Krieges. 1961 war die Bevölkerung schon auf rund 455 000 Menschen angewachsen, 1970 waren es 473 000. Die Eingemeindung zahlreicher Orte in der Umgebung im Zuge der bayerischen Gebiets- und Verwaltungsreform brachte am 1. Juli 1972 einen erneuten Zuwachs von etwa 35 000 Menschen. Damit erreichte die Einwohnerzahl Nürnbergs einen historischen Höchststand von 514 976 Bewohnern.

Auf Mamas sicherem Arm

Anstatt eines eigenen Kinderzimmers wurde den Kindern Anfang der 60er-Jahre eine Spielecke im Wohnzimmer eingerichtet.

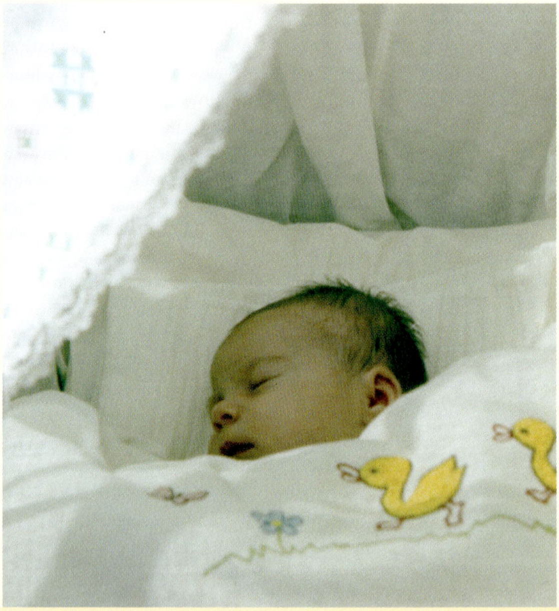

Ach waren wir nicht süß?

Glückliche Kindheit ohne eigenes Kinderzimmer

Geboren wurden die meisten Kinder in der Hallerwiese oder im Theresienkrankenhaus, wo unsere Mütter nicht etwa am Tag nach der Geburt wieder nach Hause gehen konnten, sondern meist eine Woche blieben. Gestillt wurde nur hinter verschlossenen Türen, das Zufüttern von Milupa oder Humana war nicht unüblich. Die meisten von uns hatten zudem Geschwister. Aber ein eigenes Kinderzimmer? Fehlanzeige. Selbstverständlich teilten die Kinder ein Zimmer oder lebten und schliefen mit den Eltern in einem Raum. Eine Spielecke war oft in der Küche eingerichtet, mit einem Mini-Tisch und Stühlchen für uns Kleine. In der Küche stand zumeist ein Kohleofen. Über ihm wurden im Winter die Windeln nach dem Waschen zum Trocknen aufgehängt, denn Einwegwindeln gab es damals nur sehr rar, und sie wurden, wenn überhaupt, nur bei besonderen Anlässen verwendet. Unsere Mütter schoben uns stolz mit dem Kinderwagen durch Gibitzenhof, Rothenbach oder Langwasser. Aus seinem Stadtteil bewegte man sich meist aber nicht heraus.

Eine der schlimmsten Brandkatastrophen der 60er Jahre: das Kaufhaus Kaufhof brannte 1962 ab.

Chronik

Juni 1960
Das thailändische Königspaar besucht Nürnberg.

Oktober 1960
Eröffnung des ersten Supermarktes in der Alberichstraße.

Dezember 1960
Der Wiederaufbau des Wolff´schen Rathauses ist abgeschlossen.

1961
Gründung der Universität Erlangen-Nürnberg.

1962
Einrichtung der Pfannenschmiedsgasse als eine der ersten sogenannten „Einkaufsstraßen“ Europas, Grundstein der heute weite Teile der Altstadt umfassenden Fußgängerzone.

Januar 1962
Schwere Brandkatastrophe im Ringkaufhaus fordert 25 Todesopfer.

Dezember 1962
Als erste deutsche Stadt beschließt Nürnberg eine Wohnungsbauförderung für kinderreiche Familien.

April 1963
Der Stadtrat beschließt den Bau einer Untergrundbahn.

September 1963
Einweihung der Meistersingerhalle.

Dezember 1964
Der Bauausschuss beschließt den Bau des Wöhrder Talübergangs.

Blick auf den berühmtesten Platz Nürnbergs: den Hauptmarkt.

Johs Engelhard jr.
Café Hofmann
Herren-Kleider-Fab
K. Bauer
Fried. Erhl. Solger.
Veit Spath

Straßenbahnen der 60er Jahre stehen heute im Straßenbahndepot.

Der Schaffner auf der Kanzel

Damals war es noch relativ umständlich und auch beschwerlich, in die noch für den Verkehr freigegebene Innenstadt zu gelangen. Entweder holperte man auf den zahlreichen Kopfsteinpflastern mit dem Rad oder, wer damals schon mehr Geld hatte, mit dem Auto in die Stadt. Oder man fuhr mit der Straßenbahn. Die hatte Anfang der 60er-Jahre noch Holzdielen auf dem Boden und harte Holzbänke, die längs zur Fahrtrichtung angeordnet waren. Türen gab es keine, lediglich ein Eisengitter trennte die Fahrgäste von der Straße. Der Schaffner stempelte die Fahrscheinkärtchen ab und saß im letzten Waggon auf einer Art Podest, oder wie es uns Kindern oft vorkam, einer Art Kanzel. Das Klingeln der Straßenbahnen ist eines der einprägsamen Geräusche aus der Kindheit.

Familienleben: Rituale

Das Leben der Familien spielte sich in den 60er Jahren weitgehend in den Wohnsiedlungen oder Stadtteilen ab. Die Väter gingen ihrer Arbeit nach, die Aufgabe der Mütter war es, den Haushalt zu führen und uns Kinder groß zu ziehen. Der Familienalltag folgt dabei konkreten Ritualen: Tischsitten, Begrüßungsrituale, ordentliche Haarfrisuren, unverrückbare Regeln für Röcke und Hosen von den Schnitten bis hin zu den Farben für Mädchen und Jungen, alles folgt einem einheitlichen Kanon. Das gemeinsame Essen, die Gestaltung der Wochenenden und des Urlaubs, die familiären Rituale zu Ostern und Weihnachten und auch der Spaziergang am Sonntag gehören zu den Erinnerungen, die sich bei vielen Kindern der 60er Jahre gleichen. Strenge, Unterordnung, Disziplin – nur nicht auffallen war die Devise.

Der erste Supermarkt

Selbstbedienungsläden waren in den 60er Jahren die wesentliche Neuerung des Alltags. Der erste Supermarkt wurde 1960 in der Alberichstraße 9 eröffnet, im selben Jahr stellte Quelle sein neues Einkaufszentrum in der Fürther Straße fertig. Nun konnten sich viele den Wunsch nach einem eigenen Fernsehgerät, einem Auto oder der Heimwerker-Ausrüstung erfüllen. Mit markanten Werbesprüchen wie „Metabo braucht der Mann“ wurden sie erfolgreich gelockt. In den großen Kaufhäusern gab es gut ausgestattete Campingabteilungen. Die Grill-Party mit Balkanspezialitäten wurde zum Freizeitschlager schlechthin.

Die Selbstbedienung war für viele Menschen noch ungewohnt.

Leidiger Mittagsschlaf bei Schwester Ruth

„Tante Brigitte“ oder „Schwester Ruth“, so musste man damals die Betreuerinnen im Kindergarten anreden. Sie waren meist streng mit uns Kindern. Wir mussten uns an feste Regeln und Rituale halten, zum Beispiel an den ungeliebten Mittagsschlaf. Disziplin und Ordnung galten als wichtige Erziehungsziele. Weil meist nur eine Erzieherin oder besser „Kindergärtnerin“, wie sie damals noch hießen, etwa fünfzig Kinder betreuen musste, war dieses strikte Verhalten wohl auch nötig. Viele unserer Freunde wurden aber nicht in den Kindergarten geschickt, sondern von ihren Müttern zu Hause erzogen. Denn, so die Sichtweise, eine gute Erziehung in der Familie ist dem Kindergarten in jedem Fall überlegen. Er galt eher als sozialfürsorgerische Einrichtung ohne Bildungsauftrag.

Disziplin im Schlafsaal

Wir spielten jedoch gerne mit unseren Kindergartenfreunden, die auch mal „Mirko“ oder „Ali“ hießen. Wir malten zusammen, bastelten Muttertagsgeschenke, sammelten Kastanien, spielten Fangerlenz oder mit Bauklötzen. Nur das aufgewärmte Essen, das man auf Plastiktellern serviert

Die Kindergärtnerinnen waren oft strenge Ordensschwestern.

Das Telefonspiel sorgte bei den Sommerfesten für großen Spaß ...

bekam und den Mittagsschlaf, den mochten wir alle nicht. Doch die strenge Tante sorgte jeden Tag aufs Neue dafür, dass Ruhe im Schlafsaal mit den aufgestellten Bettchen herrschte. Umso mehr freuten wir uns auf das jährliche Sommerfest unseres Kindergartens. Die Mutigen studierten Sketche oder kurze Tanzeinlagen zu Musik ein und führten sie der versammelten, begeisterten Elternschar vor. Besonders beliebt: Stücke mit Telefon. Endlich konnte man einmal wie die Erwachsenen ganz lässig den Hörer in der Hand halten und den ein oder anderen Elternteil beim Telefonieren imitieren – wenn auch natürlich mit einem Plastiktelefon und zur Belustigung der Zuschauer.
Von der antiautoritären Bewegung, die mit Beginn der Studentenbewegung 1968 Einzug hielt, bekamen wir im Kindergarten nicht mehr viel mit. Die blieb unseren jüngeren Geschwistern oder Nachbarskindern vorbehalten. Wir konnten uns lediglich wundern, wenn unsere oder deren Eltern ihre Sprösslinge nun plötzlich nach ihrer Meinung und ihren Bedürfnissen fragten – und die auch noch berücksichtigten!

... ebenso wie die tänzerischen Darbietungen.

Der „Letkiss“ durfte auf keiner Party fehlen.

Schräge Musik und Beschimpfungen im Stadtrat

Viel mehr noch als in den 50er Jahren trafen in den 60ern verschiedene Kulturen, Stile und Moden aufeinander. Während die einen die Musik von Herbert Hisel liebten und ihm sogar zu mehreren goldenen Schallplatten verhalfen, standen die anderen total auf den „Letkiss“, den neuesten Modetanz aus Finnland. Auch für die Beat-Musik begeisterten sich immer mehr Nürnberger. Doch eine Band, die überregional oder gar national Beachtung fand, gab es nicht. Zum kulturellen Aushängeschild Nürnbergs wurde dagegen das „Jazz Ost-West“, das „Festival der schrägen Musik“, das im Oktober 1966 mit Albert Mangelsdorff, Max Greger und Ilse Brandenburg zum ersten Mal stattfand.

Die gesellschaftspolitische Emanzipationsbewegung der 68er ging auch an Nürnberg nicht spurlos vorüber. 1967 etwa artete eine Stadtratssitzung in wüste Beschimpfungen aus. Der Grund: die politischen Positionen Hans Magnus Enzensbergers. Trotzdem verlieh man dem Schriftsteller in diesem Jahr den Nürnberger Kulturpreis. Mit der „Hintertreppe“ in der Luitpoldstraße und später dem „Theater am Kopernikusplatz“ besaß Nürnberg sogar eine Plattform für politisches Kabarett. Nach dem Tod des Studenten Benno Ohnesorg, der in Berlin von einem Polizisten erschossen worden war, fand im Juli 1967 ein Schweigemarsch statt.

Hans Magnus Enzensberger erhielt trotz heftiger Diskussionen im Stadtrat den Kulturpreis der Stadt.

Langwasser – eine Trabantenstadt der besonderen Art

Nach der fast völligen Zerstörung der Nürnberger Altstadt musste nach dem Krieg nicht nur die Stadt wieder aufgebaut, sondern auch in den Außengebieten neuer Wohnraum geschaffen werden. Denn eines stand für die Planer von Anfang an fest: die Stadt kann und darf so nicht wieder aufgebaut werden, wie sie vor dem Krieg war, mit ihrer Wohndichte in der Altstadt, den typischen schmalen Häusern und den unzumutbaren Wohnverhältnissen. Neue Flächen mussten erschlossen werden, wollte man von den kaum mehr als 100 000 Einwohnern nach dem Krieg möglichst schnell auf die geplanten 500 000 kommen, die man für einen wirtschaftlichen Aufschwung für erforderlich hielt. Das Langwasserareal bot sich dafür in idealer Weise an.

Mitten im Reichswald gelegen entstand das Gelände Anfang des 19. Jahrhunderts durch Abholzung und Waldbrände. Es umfasst eine Fläche von ca. 600 Hektar und ist damit dreimal so groß wie die innerhalb der Stadtmauern gelegene Altstadt. Es wurde unter anderem im Laufe der Jahrzehnte als Militärübungsplatz genutzt, eine Obdachlosensiedlung wurde dort errichtet. Die Nationialsozialisten hielten ihre Reichsparteitage auf dem Gelände ab. Später wurde ein riesiges Lagerareal errichtet, Kanalisation, Wasser- und Stromversorgung angelegt sowie ein Straßennetz gebaut. Mit Kriegsbeginn wurden Gebäude und Gelände mit hohen Stacheldrahtzäunen umgeben und als Kriegsgefangenenlager verwendet, in dem bis zum Kriegsende Zehntausende von Kriegsgefangenen aus West und Ost untergebracht waren. Tausende von ihnen starben und wurden auf dem Südfriedhof in Massengräbern beigesetzt. Nach 1945 nutzte die US-Armee einen Teil des Lagers ihrerseits als Kriegsgefangenenlager, das 1946 in ein Internierungslager für Angehörige der Waffen-SS und andere Belastete des Hitlerregimes umgewandelt wurde.

Nach dem Krieg dienten verschiedene Barackenkomplexe auch Flüchtlingen und Heimatvertriebenen aus den deutschen Ostgebieten als Unterkunft. Im Zentrum entstand außerdem ein Sammellager für heimatlose Ausländer, vor allem aus den osteuropäischen Ländern. Es erhielt den Namen „Valka-Lager“, der angeblich auf das Grenzstädtchen Valka zurückgehen soll, weil sehr viele Bewohner baltischer Herkunft unter den Insassen waren. Ab 1954 war das Valka-Lager „Bundessammellager für Ausländer“, der zentralen Anlaufstelle für Asylsuchende. 1960 erfolgte die Auflösung und Verlegung nach Zirndorf.

Ein städtebaulicher Ideenwettbewerb für das Langwassergebiet im Jahr 1954 ließ Architekt Franz Reichel, Ingenieur Hermann Scherzer und Landschaftsarchitekt Hermann Thiele als Preisträger hervorgehen. Aufgabe und Ziel: Wohnraum für 40 000 Menschen aus allen sozialen Schichten zu schaffen und dort anzusiedeln. Die bereits vorhandenen Wohnsiedlungen zu integrieren war eine weitere Schwierigkeit. Eine andere war, die vorhandenen Straßen und Versorgungsleitungen zu berücksichtigen. Festgelegt war dadurch eine Einteilung in vier Siedlungsbereiche.

Ein Stadtteil, nicht aus einem Guss

Der Entwurf von Reichel und Co. beruhte auf der Schaffung klar abgetrennter Wohngebiete mit breiten Grüngürteln. Am 29. März 1957 erfolgte die Grundsteinlegung durch den damaligen Oberbürgermeister Dr. Otto Bärnreuther. In den folgenden Aufbaujahren kam es jedoch immer wieder zu Verzögerungen, die genutzt wurden, um städtebauliche Fehlentwicklungen zu vermeiden. Durch die Übergabe der Planung der einzelnen Wohngebiete an verschiedene Wohnungsbauunternehmen, Architekten und Architektengruppen erreichte man eine lebendige, städtebauliche Gestaltung. Man lernte aus Fehlern der ersten Zeit und bezog auch immer wieder die Wünsche und Anregungen der Anwohner mit ein.

Architekt Albin Hennig trat 1965 die Nachfolge des verstorbenen Franz Reichel an und betreute die städtebauliche Entwicklung der Trabantenstadt fortan, die sich zu einem in sich lebensfähigen Stadtteil entwickelte. Langwasser ist nicht

Nachdem alle „Altlasten“ weggeräumt waren, ging der Aufbau Langwassers zügig voran. Hier ein Luftbild.

Bis in die 70er-Jahre waren die Blockformen mit möglichst vielen Wohnungen vorherrschend wie hier Ecke Liegnitzer-/Glogauer Straße.

aus einem Guss. Hier spiegeln sich die Möglichkeiten des Aufbaus nach dem Krieg wider. Architekten konnten bauen, was im Rahmen des sozialen Wohnungsbaus möglich war.

Lernen, Einkaufen, Wohnen

Auch im Bereich der Schulen gab es in den 60er Jahren einen Bauboom. 1960 wurde die Grundschule Langwasser I in der Salzbrunner Straße, 1963 die Schule Langwasser II in der Julius-Leber-Straße bezogen. Anfang der 70er-Jahre folgten die Grundschulen III bis V. 1975 wurde auf dem Gelände des ehemaligen Märzfeldes der Grundstein für die Gesamtschule Langwasser gelegt. Die ersten Schulklassen zogen im Oktober 1978 dort ein. Zahlreiche Kindergärten, Horte und Vorschulen entstanden. 1966 war Baubeginn für das Gemeinschaftshaus Langwasser, das als neues Zentrum der Begegnung dienen sollte. Es wurde 1968 eingeweiht.

Am 13. Juni 1969 feierte man großes Richtfest für das Franken-Zentrum. Bereits am 23. Oktober des

Landschaftsplaner Hermann Thiele sind die vielen Grünanlagen in der Trabantenstadt zu verdanken.

Gravierendem Ärztemangel wurde 1974 mit der Einweihung des „Ärztehauses" in der Glogauer Straße begegnet.

gleichen Jahres öffnete das Einkaufszentrum bereits seine Pforten. Das kombinierte Hallen- und Freibad an der Breslauer Straße wurde im Juli 1975 eröffnet und bot den Langwasseranern eine weitere Steigerung der Wohn- und Lebensqualität. Neben dem Bau des Klinikums Nürnberg Süd war die Inbetriebnahme der U-Bahn bis zum Weißen Turm das wohl bedeutendste Ereignis im nun schon gewachsenen Stadtteil. Damit rückte man noch näher an die City heran – von „Vorstadt" konnte man jetzt nicht mehr sprechen. Denn in kaum fünfzehn Minuten brachten die roten Pegnitzpfeile die Menschen ins Herz der Stadt.

Mit der Gesamtschule Nürnberg-Langwasser, eingeweiht im Oktober 1978, wurde die Forderung nach einer weiterführenden Schule erfüllt.

In Omas Garten lässt es sich gut aushalten

Nachbars Kirschen

In den Siedlungen, wie etwa der Falkenheimsiedlung, gehörte der eigene Garten zur Grundausstattung. Obst und Gemüse wurde hier angebaut, aber auch eine Oase der Ruhe und Erholung geschaffen. Wer sich kein eigenes Häuschen mit Garten leisten konnte, aber nicht auf ein eigenes Stückchen Grün mit Gemüse- und Obstanbau verzichten mochte, der legte sich einen Schrebergarten zu. Für uns Kinder war das richtig spannend: Aus einem riesigen Areal Ackerland und

Und aus diesem Brachland soll tatsächlich einmal eine Gartenkolonie entstehen?

Ob ich auch mal so groß werde wie die Bäume?

Wiese sollte tatsächlich einmal eine Kleingartenkolonie mit abgegrenzten Parzellen und Holzlauben entstehen? Dazu hatten die Kolonien noch so lustige Namen wie „Finkenbrunn". Mit uns wuchs und entwickelte sich auch die Kleingartenanlage. Nicht nur wir wurden größer, sondern auch die Bäume, Sträucher und Blumen. Das Gärtnern und besonders das Unkrautjäten überließen wir gerne unseren Eltern oder Großeltern. Bei der Ernte dagegen halfen wir gerne. Da pflückten wir eifrig die herrlich roten Himbeeren von den Sträuchern oder die saftigen, prallen Erdbeeren von den Beeten – und steckten uns so viel der süßen Früchte wie möglich in den Mund, denn den Rest musste man ja mit der Familie teilen. Noch besser freilich schmeckten die Kirschen aus Nachbars Garten. Ein netter Nachbar drückte gerne ein Auge zu. Doch wehe, wir wurden von den Eltern beim Klauen erwischt!

Auf einem kleinen Stück Wiese stand, wenn man Glück hatte, sogar eine kleine Holz- oder Gerüstschaukel. Zumindest aber war eine Teppichstange mit Wäscheleine aufgestellt, auf der es sich ja auch gut turnen ließ. Packte uns die Abenteuerlust, bauten wir um die Schaukeln aufwendige Lager mit Decken, Stühlen oder Schirmen und allem, was wir noch so finden konnten. Egal wie warm es auch war, wir harrten dann in unserem Lager aus, spielten Piraten oder Burgfräulein und taten sehr geheimnisvoll.

Sackhüpfen und Würstchenschnappen

Ganz besonders haben wir Kinder uns immer auf das jährliche Gartenfest gefreut. Drei Tage lang, von Freitagabend bis Sonntagnachmittag, herrschte dann der Ausnahmezustand im Kleingartenidyll. Die Gartenbesitzer schmückten ihre Bäume mit Girlanden und Laternen. Das Vereinsheim wurde herausgeputzt, ein großes Zelt aufgestellt und ein Tanzpodium. Alle halfen zusammen, sei es beim Zeltaufbau oder beim Kuchenbacken für den samstäglichen Kaffee- und Kuchenverkauf. Wir freuten uns darauf, abends endlich einmal länger aufbleiben zu dürfen – dafür hörten wir uns sogar die in unseren Ohren so schreckliche Musik der Unterhaltungskapellen an. Wagemutig schliefen wir im kleinen Hauszelt auf dem Rasen in einem der Gärten unserer Freunde. Und die machten sich natürlich einen Spaß daraus, uns nachts zu erschrecken. Ab Samstagmittag fanden sich dann die Gartenbesitzer und ihr Besuch auf dem Festplatz ein. Den Losverkauf wollte man auf keinen Fall versäumen – wer weiß, vielleicht zog man in diesem Jahr ja endlich einmal den Hauptgewinn? Für uns Kinder gab es die sogenannte „Kinderbelustigung“. Beim Wettstreit im Sackhüpfen und Würstchenschnappen konnten wir Punkte sammeln und wurden dann mit Eis oder Limo belohnt. Abends wurde es dann romantisch. Beim Laternenzug durch die Gartenkolonie trugen wir stolz unsere Lampions oder Fackeln, auch wenn der Zug meist nicht schnell vorankam: die mitlaufenden Erwachsenen wurden an vielen Stationen mit einem Stamperl Schnaps versorgt, wir Kinder ergatterten immerhin die ein oder andere Süßigkeit.

Gleich hab ich dich, du Würstchen!

Berühmte Persönlichkeiten
der 60er und 70er Jahre

Norbert Schramm (* 1960),
Eiskunstläufer

Ulrich Maly (* 1960),
späterer Oberbürgermeister der Stadt Nürnberg

Claus Föttinger (* 1960),
Künstler

Peter Sadlo (* 1962),
Schlagzeuger

Axel Becker (* 1963),
volkstümlicher Schlagersänger

Harald Blüchel (* 1966),
Musikproduzent

Marusha (* 1966),
DJ

Markus Söder (* 1967),
Politiker

Michael Griener (* 1968),
Jazzschlagzeuger

Ingo Nommsen (* 1971),
deutscher Journalist, Fernsehmoderator und Veranstaltungsmoderator

Alex Wright (* 1975),
Wrestler

Der gebürtige Nürnberger Norbert Schramm begann im Alter von sechs Jahren mit dem Eiskunstlaufen. Er wurde zweimal Europameister und zweimal Vizeweltmeister und errang drei Deutsche Meistertitel. 1984 nahm er an den Olympischen Spielen teil und belegte Platz 9.

Ingo Nommsen wurde 7. Februar 1971 in Nürnberg geboren. Er studierte an der Ludwig-Maximilians-Universität München (LMU München) Kommunikationswissenschaft, Politik, Soziologie sowie Psychologie. Im Juli 2000 schloss er das Studium als Diplom-Journalist ab. Die ZDF-Morgensendung „Volle Kanne – Service täglich" präsentiert er seit Januar 2001. Zusätzlich moderiert Nommsen seit dem 15. August 2005 das Boulevardmagazin „hallo deutschland". Seit 2008 ist er auch mit der Show „Kult am Sonntag" im ZDF erfolgreich.

Marusha Aphrodite Gleiß (* 18. November 1966 in Nürnberg) ist eine deutsch-griechische DJane, Moderatorin, Musikproduzentin und Schauspielerin. Sie ist eine bekannte Vertreterin der kommerziellen elektronischen Musik und wurde gerne als „Queen of Techno" bezeichnet. Ihr Markenzeichen waren eine Zeit lang ihre grün gefärbten Augenbrauen. 1995 erhielt sie als Auszeichnungen den „Comet" als bester Techno Act und den „Echo" als beste „Künstler/in national".

Der wichtige Tag musste natürlich im Bild festgehalten werden: der 1. Schultag.

In Klamotten von C&A zum ersten Schultag

Unser bis dato wichtigster und aufregendster Tag war sicherlich der der Einschulung. Die Vorbereitung darauf fing schon Wochen vorher mit dem Kauf der passenden Kleidung an. Beim von allen Kindern gehassten und allen Müttern geliebten Bekleidungshaus „C&A“ hieß es, das Richtige zu finden. Auf also in die Innenstadt, in die Breite Gasse. Nicht zu schick, aber auch nicht zu leger sollte es aussehen, schließlich sollte der Tag auch im Bild festgehalten werden. Lange Diskussionen gab es beim Klamottenkauf meist nicht: Wir Kinder mussten eben anziehen, was unsere Mütter schön fanden. Hatte man das endlich hinter sich, folgte auch schon der nächste Schritt heraus aus der sorglosen Kindergartenzeit: Schulmaterial musste besorgt werden. Hausaufgabenhefte, Schulhefte, Stifte, Federmäppchen, durchsichtige Folie zum Einbinden der Bücher und natürlich ein in Kinderaugen überdimensional großer Schulranzen wanderten in den Einkaufskorb.

Kurz vor dem ersten Gang zur Schule wurde man dann richtig nervös. Vor allem eine Frage drängte: Hatte die Mama auch nicht vergessen, eine Schultüte zu kaufen und zu füllen? Hatte sie natürlich nicht! Die Frage war nur: Wer hat die größte? Und so schielte jeder ABC-Schütze am ersten Schultag meist nur mit großen Augen und vergleichendem Blick auf die Tüte in den Händen der anderen Kinder. Dass nun der sogenannte „Ernst des Lebens“ begann, das war den meisten an diesem Tag wohl nicht bewusst, auch wenn es jeder sagte.

Und natürlich auch für die stolzen Eltern war der erste Schultag ein bewegender Tag.

Allein unter Mitschülern

An der Hand unserer Eltern setzten wir zum ersten Mal den Fuß in das Klassenzimmer und mussten uns einen Platz aussuchen: die Streber und die, die zu spät kamen, in der ersten Reihe. Die, die schon ahnten, dass es kein Vergnügen für sie werden würde, in die letzte. Der Rest bildete das große Mittelfeld. Ganz groß und erwachsen kam man sich in diesem Moment vor. Bis, ja, bis die Eltern das Klassenzimmer verlassen mussten und wir zum ersten Mal alleine mit der Lehrerin waren. Da flossen bei manchen sogar Tränen. Doch mit der Zeit wurde alles gut.

Bedenklich wackelnd zur Verkehrstauglichkeit

Gelernt wurde natürlich auch. Im Musikunterricht musste jeder Schüler, auch wenn es ihm noch so peinlich war, vor der versammelten Klasse vorsingen. In Deutsch füllten sich die Hefte mit Buchstaben und Wörtern, die fein säuberlich und penetrant in geschwungener Schreibschrift geübt werden mussten – so lange, bis die Lehrerin zufrieden war.

Dann war da noch der „Fehlerteufel“ im Deutschunterricht, ein kleiner rotes Fratz, der uns spielerisch die deutsche Rechtschreibung beibringen

Am ersten Schultag durften die Eltern noch mit ins Klassenzimmer – fortan mussten sie natürlich draußen bleiben.

Am Anfang mussten wir noch gehalten werden ...

sollte, uns aber eher Angst gemacht hat. Und nach mehreren gescheiterten Versuchen, die Handhabung des blauen Radiergummis für Tinte zu erlernen, kam die Befreiung: der Tintenkiller, der freilich sofort in der Schule verboten wurde. Im Heimat- und Sachkundeunterricht wurden Blätter gesammelt und bestimmt. Natürlich standen wir morgens auf, wenn die Lehrerin das Klassenzimmer betrat und vor dem Schuldirektor hatte jeder Schüler großen Respekt.

Die netten, uniformierten Herren von der Verkehrspolizei brachten uns im Pausenhof die Verkehrsregeln bei. Zuvor hatten wir jedoch schon im „privaten" Verkehrsunterricht das Radfahren selbst gelernt. Erst düsten wir mit Stützrädern ausgestattet ganz sicher auf vier Rädern durch die Gegend. Bis Papa beschloss: „Jetzt musst du lernen, ohne zu fahren." Die Stützräder also abmontiert, erfolgten die ersten unsicheren Schlenker im langsamen Fahren, während Papa neben uns herlaufend uns am Gepäckträger sicherte. Plötzlich klappte es immer schneller und schneller, und als wir uns umdrehten, um besorgt zu fragen, ob Papa auch wirklich so schnell rennen konnte, lagen wir auch schon auf der Nase – und der Herr Papa stand etliche Meter entfernt, weil er schon längst losgelassen hatte. Nach und nach lernten wir auch ohne Vaters Hilfe zu fahren – Übung macht eben den Meister.

Fahren konnten wir dann also schon, als uns die netten Herren Polizisten die Schilder und Verkehrszeichen erklärten. Dafür hatten sie einen komplizierten Parcours aufgebaut und Straßensituationen auf dem Pausenhof aufgemalt. Nach den Lehrstunden musste jeder Schüler in einer theoretischen und einer praktischen Prüfung beweisen, dass er verkehrstauglich war. Am größten war die Aufregung bei der praktischen Fahr-

radprüfung. So manch einer wackelte sich bedenklich durch den aufgestellten Parcours – und wer es nicht schaffte, der brauchte für den Spott nicht zu sorgen. Im Vergleich zu dem, was noch kommen sollte, war die Grundschulzeit eine unbeschwerte, leichte Zeit. Aber das begriffen wir wohl erst später.
Ganz selbstverständlich wechselten viele Mitschüler nach der Grund- auf die Hauptschule, um später Maler, Schreiner, Frisörin oder kaufmännische Angestellte zu werden. Die Empfehlung fürs Gymnasium bekamen nur ganz wenige.

... aber dann klappte das Radeln auch alleine.

Chronik

November 1965
Beschluss über die Errichtung eines Spielzeugmuseums.

März 1966
Erstes Jazz-Ost-West-Festival.

September 1966
Grundsteinlegung für das neue Sportgelände des 1. FCN am Valznerweiher.

Oktober 1966
Sperrung der Breiten Gasse, der Pfannenschmiedsgasse und der südlichen Karolinenstraße für den motorisierten Verkehr.

Januar 1967
Der Kulturpreis der Stadt geht an Hans Magnus Enzensberger.

März 1967
Erster Spatenstich für den U-Bahn-Bau.

Mai 1968
Demonstration von Schülern, Studenten und Arbeitern gegen die Notstandsgesetze mit Besetzung von DGB-Zentrale und Schauspielhaus.

November 1968
Einweihung des Gemeinschaftshauses Langwasser.

April 1969
Die Norishalle, die als progressivstes Gebäude der Innenstadt gilt, wird seiner Bestimmung übergeben.

Zirkus auf dem Acker

Wie die Großen schoben die Mädchen ihre Puppenwägen durch die Straßen.

Unsere Freizeit verbrachten wir – außer am heiligen Sonntag – getrennt von den Eltern. Man spielte auf der Straße oder im Hinterhof. Die Jungs erkundeten mutig die letzten noch verbliebenen Bauruinen aus dem Zweiten Weltkrieg. Über die Gefahren machte sich da niemand Gedanken, auch nicht die Eltern, die oft gar nicht wussten, wo und was ihre Kinder spielten. Die Mädchen liebten das Gummihupfen, das Kästchenhüpfspiel oder das Fadenspiel, bei dem mit einem Stück zusammengeknoteten Garns zwischen die Hände gespannt die verschiedensten Figuren kreiert wurden. Natürlich bekamen die Mädels Puppen und die Jungs Fischertechnik geschenkt. Doch die strenge Geschlechtertrennung löste sich schließlich immer mehr auf. Gemeinsam wurde zum Beispiel im Birkenwald Verstecken gespielt oder an den Teppichstangen im Gibitzenhofer Hinterhof Schaukel und Überschlag geturnt. Es gab viele

freie Flächen, wo wir uns vergnügen konnten. Dort, wo heute das Röthenbacher Einkaufszentrum steht und die gleichnamige U-Bahnstation den Endpunkt der U-Bahnlinie 2 markiert, waren nur Äcker und Wiese. Einige Male im Jahr gastierten dort kleine Zirkusse. Dann tummelten sich Ponys und Ziegen auf der Weide und wir liefen jeden Tag nach der Schule hin, um die Tierchen zu streicheln und zu füttern. Manchmal waren sogar so exotische Tiere wie Lamas oder Kamele an Seilen angebunden. Aber an die trauten wir uns nun wirklich nicht heran.

Rasant in die nächste Wiese

Um möglichst schnell von A nach B zu kommen, entwickelte sich natürlich der Wunsch nach einem fahrbaren Untersatz. Anfangs flitzten wir noch mit dem Dreirad über die Bürgersteige oder – zu Mamas Entsetzen – durch die Blumenbeete im Garten. Die Jungs liebten es bald etwas rasanter und stiegen aufs Kettcar um, mit dem man so wunderbar abrupt stoppen konnte, der Hebelbremse sei Dank. Vier Räder schnallten wir uns schließlich auch unter die Füße, das Rollschuhlaufen kam in Mode. Ein Gestell mit vier Rollen daran wurde da an den Schuhen befestigt und schon konnte es losgehen. Auf wackeligen Beinen unternahmen wir die ersten Fahrversuche rund um den Steiner Bahnhof, die des Öfteren in Hecken oder in Wiesen endeten. Doch schnell bekamen wir raus, wie man am besten bremst und möglichst schnell um die Kurven kam. Noch schneller voran ging es mit dem Roller. Ein Bein auf dem Holzgestell, mit dem anderen Fuß sich kräftig abstoßend bewältigten wir so manche Wettrennen und genossen das kleine Gefühl von Freiheit, wenn uns der Wind um die Nase wehte.

Mit dem Roller konnte man fast bis in die Wohnung fahren

Der Kaufladen: ein Vergnügen für Klein und Groß ...

... und ganz spielerisch lernte man auch noch das Rechnen.

Was gibt es faszinierenderes als mit dem Rettungswagen zu spielen?

Barbie und Autoquartett

Ende der 60er, Anfang der 70er Jahre waren die Wohnungen zunehmend mit eigenen Kinderzimmern ausgestattet, in denen Lego-Bausteine, Merklin-Bastelkästen, Schuco-Autos, Teddybären und Stofftiere zu finden waren. Das Spielen und die Freizeit wurden immer mehr – auch durch die zunehmende Verkehrsdichte auf den Straßen – in das Kinderzimmer verlegt. Wer einen eigenen Kaufladen zu Hause stehen hatte, war der absolute Liebling. Wie die Erwachsenen konnten wir dann endlich nach Herzenslust einkaufen. Mit einem viel zu großen Einkaufskorb bewaffnet stellten wir uns brav an, verlangten zwei Äpfel, Waschpulver und Mehl. Die „Verkäuferin" wog die Sachen ab, rechnete die Preise aus und wir gaben ihr gern das abgezählte Papiergeld in die Hand. Beim Einräumen der Ware in die Regale dagegen musste uns die Mutter dann eher energisch antreiben. Dann hielt Barbie Einzug in die Mädchenwelt, von der die Jungs aber keineswegs ausgeschlossen wurden. Die wasserstoffblonde Puppe war in fast jedem Mädchenzimmer zu finden und an jedem Geburtstag oder Weihnachten folgten neue Accessoires und neues Zubehör wie Puppenhaus oder Pferde und immer neue Klamotten. Zu Hause und auch in den Schulpausen sah man bald viele von uns mit Karten in der Hand. Das Autoquartett. Ein Kartenspiel, das auch die Mädchen kapierten, denn man musste einfach nur Glück haben und mehr Zylinder, Hubraum oder schnellere Beschleunigung auf seinen Karten vorweisen können als sein Mitspieler.

Die Bravo unterm Schultisch

Dazu kam die sich langsam entwickelnde Mediatisierung der alltäglichen und auch unserer kindlichen Welt. Unsere Eltern lasen die „Hör zu“ und die „Bild-Zeitung“. Und mal Hand aufs Herz: Wer von uns hat nicht mal einen Blick in die Bravo riskiert, obwohl unsere Eltern es verboten hatten? Diese Zeitschrift, die auch vor dem Thema Sex nicht Halt machte, war nach Auffassung der Eltern nichts für uns wohlerzogene Heranwachsende. Als wir etwas älter waren, da wanderte die Bravo natürlich unter den Schultischen hin und her, kichernd lasen wir gemeinsam mit der besten Freundin die Aufklärungsseiten und versuchten keine roten Köpfe dabei zu bekommen.

Das berühmte Testbild

Vom Testbild zu Bonanza

Aber auch das Fernsehen zog in den Familienalltag ein. Anfangs waren die großen, schweren Kästen fast unerschwinglich und in kaum einem Wohnzimmer zu finden. Doch das Fernsehen startete unaufhaltsam seinen Triumphzug auch in die

Scotty – beam me up!

Die Helden der Kinderzimmer

Nürnberger Stuben. In schwarz-weiß war das eine Programm zu sehen, das anfangs nur zwei Stunden pro Tag lief. Später kamen das Zweite Deutsche Fernsehen und das dritte Programm hinzu. Gesendet wurde erst ab dem späten Nachmittag, um Mitternacht war Schluss. Nur ein Testbild mit einem schrillen Ton war dann nur noch auf dem Schirm zu sehen.

Das Fernsehen veränderte unsere familiäre Abendgestaltung fortan komplett. Wir schauten gemeinsam Filme an, Freunde wurden eingeladen, Treffen im Familienkreis avancierten mit Kind und Kegel zu Fernsehveranstaltungen, besonders wenn große Samstagabendshows wie „Einer wird gewinnen“ mit Hans-Joachim Kulenkampff auf dem Programm standen. Wir Kinder liebten „Bonanza“, die „Bezaubernde Jeannie“, „Pippi Langstrumpf“, „Urmel aus dem Eis“, die „kleinen Strolche“ oder „Raumschiff Enterprise“. Pünktlich zum Serienbeginn saßen wir gespannt vor dem Fernsehgerät, nichts und niemand konnte uns davon abhalten.

Der 1. FCN wird 1961 Deutscher Fußballmeister – Nürnbergs Spielführer Max Morlock erhält aus den Händen von DFB-Präsident Dr. Peco Bauwens die Meisterschale.

Eine Sonderstellung in der Stadt: Der Club

Ganz klar: keine andere Sportart konnte in den 60er Jahren in Nürnberg dem Fußball das Wasser reichen. Jedermann in Deutschland kannte den „Club", der sich mit Schalke die Deutschen Meisterschaften aufteilte. Das Jahrzehnt ist durchaus denkwürdig für die Fans und natürlich den Verein. Beim „Spiel der Spiele" am 2. Dezember 1967 schickte ein glänzend spielender 1. FCN die Lederhosen vom FC Bayern München, immerhin mit Spielern wie Franz Beckenbauer, Sepp Maier und Katsche Schwarzenbeck mit einem legendären 7:3 nach Hause. Die Radio-Reportage von Oskar Klose ging in die Annalen ein: „Brungs tut, was er immer tut, wenn er an den Ball kommt an diesem Nachmittag: Er schießt ein Tor!" Selbst die Nachrichten-Institution schlechthin, „Fox – Die Tönende Wochenschau", zuständig nur für das Wichtigste auf der Welt, brachte Ausschnitte aus diesem Spiel in die deutschen Kinosäle. In dieser Saison 1967/68 wurde der Club zum zweiten Mal nach 1961 in diesem Jahrzehnt Deutscher Meister. 1962 wurde der Club zudem Pokalmeister. 1963 beendete Fußballidol Max Morlock nach 900 Einsätzen im weinroten Trikot seine aktive Laufbahn. Auch er musste 1969 mit ansehen, wie die Meistermannschaft abstieg. Eine Welt brach zusammen, ein Mythos ging unter. Doch es war nicht das letzte Mal, dass der Club vor einem Scherbenhaufen stand.

Die Deutsche Meisterschaft 1968 – Spielführer Heinz Strehl hält stolz die Schale hoch,
Abertausende jubeln mit ihrem Club.

Das legendäre 7:3 gegen Erzrivalen Bayern München, gegen Franz Brungs Schussgewaltigkeit war selbst Torwart Sepp Maier machtlos.

Während in Nürnberg in den 70er Jahren überall Aufbruchstimmung herrschte, dümpelte der einst „Ruhmreiche“ in den Niederungen der Zweitklassigkeit vor sich hin. Zwischen 1969 und 1977 versuchten sich sage und schreibe sieben Trainer am Projekt Wiederaufstieg – vergeblich. Die Geduld der Fans neigte sich in diesen mageren Jahren allmählich dem Ende zu. Kamen im Mai 1971 noch 75 000 Zuschauer zum Aufstiegsspiel gegen Fortuna Düsseldorf – es ging mit 2:0 verloren –, so waren die Reihen beim letzten Heimspiel der Saison 1976/77 deutlich gelichtet: Lediglich 1743 Hartgesottene fanden den Weg ins Stadion. Das lange Warten kam 1978 endlich zu einem Ende. Am 9. Juni 1978 fand das entscheidende Match bei Rot-Weiß-Essen statt, über das der Kicker später schreiben würde, es „war kein Spiel. Das war kein Kampf mehr. Das war eine Schlacht.“ Im Zentrum der Auseinandersetzung standen zwei Spieler: RWE-Torjäger Horst Hrubesch und Club-Torwart Manni Müller. Der zuverlässige Tormann wuchs an diesem Tag über sich hinaus – und hielt alles, was zu halten war, unter anderem einen von Hrubesch ausgeführten Elfer. Der Club war endlich wieder da, wo er hingehört: in der ersten Fußball Bundesliga. Müller indes ging als „Held von Essen“ in die Geschichte ein.

Nach den glorreichen Jahren kommen die Dürrejahre, Spielszene aus dem Spiel SG Wattenscheid 09 gegen den 1. FCN in der Regionalliga-Saison 1973/74.

In guten wie in schlechten Zeiten

Himmelhoch jauchzend, zu Tode betrübt: Dieses Sprichwort passt beim 1. FCN immer, aber ganz besonders in die Jahre 1968 und 1969. Der Euphoriewelle über die deutsche Meisterschaft folgte in der nächsten Saison postwendend der Abstieg. Hohn und Spott inklusive. Und es bewahrheitete sich einmal mehr der altbekannte Spruch: „der Glubb is a Debb." Die schlechte Laune unserer Väter zog sich anschließend über Wochen hin.
Als Kind hatte man genau zwei Entwicklungsmöglichkeiten. Entweder schlug man den mütterlichen Weg ein, will heißen: man interessierte sich überhaupt nicht für das primitive Spiel, bei dem 22 erwachsene Männer einem runden Lederball nachlaufen. Oder aber man ließ sich zu Geburtstagen oder Weihnachten mit Club-Schal und Trikot beschenken und marschierte an Vaters Hand und mit stolz geschwellter Brust alle zwei Wochen ins Stadion.

Fußball ist eine faszinierende Sportart ...

... egal, ob mit Ball oder Blechdose.

Mit seinem Verein geht man durch alle Höhen und Tiefen, am liebsten feiert man natürlich gemeinsam wie hier die Deutsche Meisterschaft 1961.

Hippies, Ökos und Demos

Die 70er Jahre waren vor allem geprägt durch Veränderungen. 1972 erhielt die Stadt den Anschluss an den Rhein-Main-Donau-Kanal und darf sich seitdem stolz „Hafenstadt“ nennen. Im gleichen Jahr fuhr zum ersten Mal die U-Bahn in Nürnberg. Jetzt war die Frankenmetropole tatsächlich eine „richtige“ Großstadt. Entsprechend vollzog sich auch die Planung der Innenstadt. Nachdem die Haltestellen Lorenzkirche und Weißer Turm fertiggestellt waren, wurde das Nürnberger Zentrum Zug um Zug für Autos gesperrt. Ende 1977 durfte sich die Noris „Stadt mit der größten Fußgängerzone Europas“ nennen.

Dieses Jahrzehnt war aber nicht nur durch verkehrspolitische Projekte geprägt. Nein, sie war auch das Jahrzehnt der Hippies, der Popfestivals und der progressiven Sozialpolitik. Die Nürnbergerin Käthe Strobel, im Jahr 1969 Bundesministerin für Jugend, Familie und Gesundheit geworden, erregte großes Aufsehen mit ihren Programmen zur sexuellen Aufklärung. Nicht minder groß war die Aufregung, als Foto-Millionär Hanns Heinz Porst erklärt, er wolle in seinen Betrieben die totale Mitbestimmung einführen.

Nürnberg – 1977 die Stadt mit der größten Fußgängerzone Europas

Eines der berühmtesten Motive von Albrecht Dürer: der Hase

Selbstporträt von Albrecht Dürer, einem der berühmtesten Kinder der Stadt, zu seinem 500. Geburtstag lobte die Stadt ein Dürerjahr aus.

Chronik

Februar 1970
Eröffnung des Kunstpädagogischen Zentrums im Germanischen Nationalmuseum.

September 1970
Die Grundigstadt mit 10 000 Mitarbeitern beherbergt die größten Fabrikanlagen Europas für Farbfernsehgeräte und Kunststoffverarbeitung.

Dezember 1970
Feierliche Eröffnung des Dürerjahres anlässlich des 500. Geburtstages.

Juli 1971
Der alte Trödelmarkt entsteht als Trempelmarkt auf dem Hauptmarkt neu und erweist sich als durchschlagender Erfolg.

August 1971
Die Dürer-Ausstellung im Germanischen Nationalmuseum schlägt alle Besucherrekorde.

März 1972
Jungfernfahrt der U-Bahn in Langwasser.

Juli 1972
Im Zuge der bayerischen Gemeinde- und Verwaltungsreform werden die Orte Boxdorf, Brunn, Großgründlach, Katzwang, Kornburg, Neunhof und Worzeldorf eingemeindet.

September 1972
Offizielle Eröffnung des Hafens am Rhein-Main-Donau-Kanal.

Januar 1973
Einweihung des Messezentrums in Langwasser.

Juli 1974
Einweihung des 15 Millionen teuren Hallen- und Freibads Langwasser.

Auch in Nürnberg blieben während der Ölkrise die Straßen bei den Fahrverboten am Sonntag leer.

Vorreiter der Soziokultur

Hermann Glaser, Schul- und Kulturreferent seit 1964, startete Anfang der 70er-Jahre sein bundesweit vorbildhaftes Konzept der Soziokultur. Im Juli 1973 öffnete das KOMM seine Pforten und in den nächsten Jahren entstand nach und nach ein Netz von Stadtteilläden, die eine bürgernahe Information und Kommunikation ermöglichen sollten. Aufgrund der Ölkrise 1973/74 zog auch das Thema Umwelt in die Politik ein. Aus dem Geist der APO entstanden die Grünen, die in Nürnberg Ende der 70er Jahre an die breitere Öffentlichkeit traten.

Kennzeichnend für das Jahrzehnt war auch das Entstehen von Bürgerinitiativen. Die Menschen wollten aktiv auf politische Entscheidungen Einfluss nehmen. So engagierte sich zu Beginn der 70er Jahre eine Bürgerinitiative und der Bund Naturschutz gegen den geplanten Ostzubringer – und zwangen schließlich die SPD-Regierung zur Kurskorrektur. Mit Demonstrationen und Unterschriftensammlungen gelang es Bürgerinnen und Bürgern aus Langwasser 1971/1972 einen geplanten amerikanischen Truppenübungsplatz bei Feucht zu verhindern. 1972 gab es Proteste gegen Fahrpreiserhöhungen und Aktionen für einen Nulltarif bei öffentlichen Verkehrsmitteln. Auch bei der Nutzung des Industriegebietes Süd am Hafen lenkte die SPD nach jahrelangen Protesten ein und beschloss 1979, dass die Flächen in den nächsten zehn Jahren nicht bebaut werden dürften.

Mit dem Rad in den Kanal

... an herrlich natürlichen und

Eines war klar: am Sonntag war Familientag angesagt. Da nahmen sich auch die Väter Zeit und verbrachten den Tag mit der Familie. Das war der Höhepunkt der Woche für uns! Wir schwangen uns dann auf die Räder und radelten am Alten Kanal entlang. Natürlich fuhren wir nicht irgendein Rad – nein, es musste schon ein Bonanza sein, mit der Schaltung im Mittelholm, fast wie im Auto. Aufgereiht wie an einer Schnur fuhren wir hintereinander den schmalen Weg neben dem Gewässer entlang. Manchmal trafen wir zufällig Schulfreunde, die das gleiche sonntägliche Aus-

Am Alten Kanal ließ und lässt es sich herrlich Fahrrad fahren und spazieren gehen ...

... romantischen Orten.

flugsprogramm hatten, und winkten uns fröhlich zu. Die ernsten und mahnenden Worte unserer Eltern, ja nicht zu nahe am Kanal zu fahren, um nicht hineinzufallen, belächelten wir meist. Jeder kannte irgendjemanden, dem das schon passiert sein sollte. Doch Respekt hatten wir dann insgeheim schon und bemühten uns, lässig am Rand zu fahren.

Mutig ins Raubtierkatzenhaus

Beliebte Ausflugsziele waren aber auch der Dutzendteich oder der Silbersee und ganz besonders im Sommer natürlich die Freibäder, zum Beispiel das Langwasser-, Stadion- oder Westbad. Den Tiergarten besuchten wir zu jeder Jahreszeit gerne. Mit der Straßenbahn fuhren wir dann zum Schmausenbuck und unser erster Weg führte uns immer zu den lustigen Affen, die, wenn man Glück hatte, unsere Bewegungen hinter der Scheibe nachmachten. Oder die Pinguine, die wie in einem Frack ohne Ärmel eingezwängt hin und her watschelten. Gleich nebenan gab es die Eisbären, die

Wir liebten die Zoobesuche, vor allem die lustigen Affen, ...

... die watschelnden Pinguine und ...

... die Eisbären.

immer wieder auch Junge bekamen, an deren tollpatschigen Bewegungen wir unsere Freude hatten. Besonderen Respekt hatten wir immer vor dem Raubtierhaus. Niemals hätten wir natürlich zugegeben, dass wir uns fürchteten. Doch schon allein der Geruch, der von den wilden Raubkatzen ausging, ließ uns den Magen umdrehen. Und wer weiß, es konnte ja schließlich nicht ausgeschlossen werden, dass so ein Löwe sich mal aus seinem Käfig befreit ... Glücklicherweise haben wir alle Tiergartenbesuche lebend und putzmunter überstanden.

Vor den Löwen dagegen hatten wir einfach nur riesigen Respekt.

Fahrt ins Grüne

Manchmal fuhren wir auch einfach mit dem Auto ins Grüne. Zum Beispiel in die Fränkische Schweiz oder in den Landkreis Fürth. Dann packten wir unsere Wanderschuhe ein, schauten uns die schöne Gegend an und staunten, wenn wir einer ganzen Schafherde begegneten – das gab es in der großen Stadt freilich nicht. Gerne riefen wir dann den Spruch aus, den uns unsere Oma beigebracht hatte: Schafe zur Linken, wird Freude dir winken. Waren diese auf der rechten Seite, drehten wir uns eben um. Wenn wir besonders mutig waren, trauten wir uns sogar, uns für ein Foto neben die so seltsam blökenden, und ständig Gras rupfenden Tiere zu stellen.

Mutig fürs Foto vor die Schafherde gestellt

Mit dem Auto ins Grüne

Erinnerungsfahrscheine und kostenlose Fahrten

1965 beschloss der Stadtrat den Bau einer U-Bahn, zwei Jahre später begannen die Bauarbeiten. Die U1 sollte die dicht besiedelten Wohngebiete in der Trabantenstadt Langwasser mit der Innenstadt verbinden. Die Bewohner des Ortsteils Langwasser fuhren noch bis März 1972 mit ihrem „1er" oder mit der Straßenbahnlinie 11 bis zur Bauernfeindstraße. Von dort mussten sie in Busse umsteigen, die jedoch alle hoffnungslos überfüllt waren.

Am 20. März 1967 erfolgte der erste Spatenstich, ein Rammstoß natürlich, und damit der Baubeginn der U1. Ab Mai 1971 waren schon die ersten U-Bahnfahrer und Stellwerker zu sehen. Sie wurden auf den Zügen in die neue Technik eingewiesen. Vor dem 1. März 1972 wurde Probebetrieb ohne Fahrgäste gefahren, aber schon nach dem Orginalfahrplan. Am 1. März 1972 um 10.00 Uhr war es dann endlich soweit: Die ersten U-Bahnzüge rollten von Langwasser Süd zur Bauernfeindstraße. Über 50 000 Menschen kamen an diesem Tag, um in Langwasser die Eröffnung der U- Bahn zu feiern. Tausende von Erinnerungsfahrscheinen mit dem Aufdruck „01. März 1972 10.00 Uhr" waren schon nach kurzer Zeit vergriffen. An den ersten Tagen durften die Fahrgäste kostenlos fahren, um ihr neues Verkehrsmittel zu testen. Und waren begeistert. Die Langwasseraner waren froh, dass sie ihren Bus los waren und fortan mit der U-Bahn ganz bequem in die Stadt gelangen konnten.

In zehn Minuten von Langwasser zur Frankenstraße

Auch die Beschäftigten der Firma MAN konnten es gar nicht erwarten, bis die Verlängerung der

Gespanntes Warten auf die U-Bahn und faszinierte Blicke beim Einfahren

Großer Bahnhof bei der Einweihung der U-Bahn

U-Bahn zur Frankenstraße kam. Bis dahin mussten sie an der Bauernfeindstraße in die Straßenbahn umsteigen und dann an der Bayernstraße in den Bus. Doch ging ihr Wunsch nicht sofort in Erfüllung. Sie mussten noch warten, denn dieser Bauabschnitt führte von der Bauernfeindstraße durch den Rangierbahnhof zum Hasenbuck und weiter zur Frankenstraße. Das bedeutete: Der Tunnel zwischen Hasenbuck und Frankenstraße musste bergmännisch aufgefahren werden. Es waren einige Sprengungen nötig, da der Hasenbuck aus vielen Gesteinsschichten bestand. Hier machten die U-Bahnbauer erste Erfahrungen für den späteren Tunnelbau der Innenstadt. Die Bauzeit für diesen Abschnitt dauerte von 1970–1974, die Teilstrecke war 2,5 km lang, der Tunnel zwischen Bauernfeindstraße und Hasenbuck alleine 1,5 km. Am 18. Juni 1974 war es dann soweit: die Strecke Bauernfeindstraße–Hasenbuck–Frankenstraße wurde eingeweiht. Die Fahrzeit zwischen Langwasser Süd und Frankenstraße betrug nun zehn Minuten – dagegen hatte das Auto keine Chance mehr.

Nürnbergs Stamm-OB

Mit ihm wuchsen die Kinder der 60er und 70er Jahre quasi auf: Andreas Urschlechter, Oberbürgermeister von Nürnberg von 1957 bis 1987.
1919 geboren, war er am Ende seiner Amtszeit dienstältester Oberbürgermeister einer deutschen Großstadt. Parteiübergreifend erfreute sich der als sehr bürger- und volksnah bekannte SPD-Mann großer Beliebtheit. Selbst seine politischen Gegner zollten ihm höchsten Respekt – sie bemängelten einzig, er sei in der falschen Partei. Aus dieser trat er tatsächlich 1982 aus, regierte dennoch fünf Jahre weiter als parteiloser Oberbürgermeister.

OB Urschlechter mit Bundespräsident Heuss

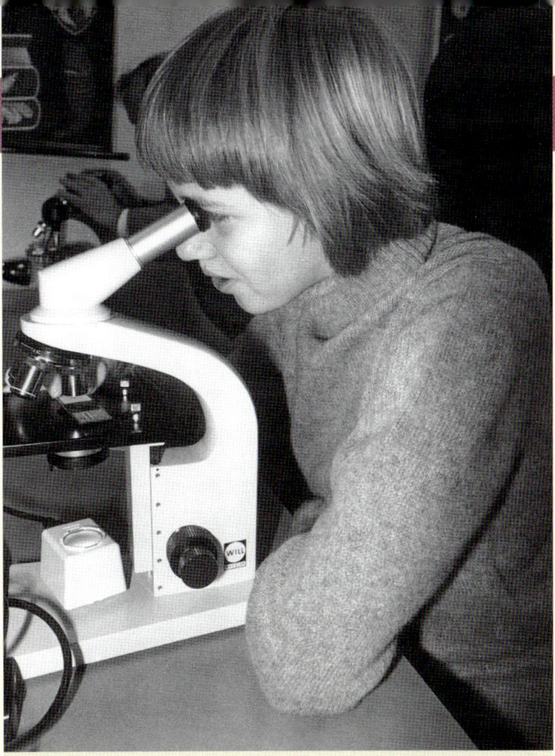

Neue Fächer, wie z. B. Biologie, erforderten auch neue Methoden. Der Blick durchs Mikroskop gehörte auch dazu.

Ein Lehrer für jedes Fach

Wir wurden älter und der samstägliche Schultag blieb uns bald erspart. Die Strafen, von denen die Eltern noch erzählt hatten, gab es nur noch vereinzelt. Ende der 60er Jahre konnte es noch vorkommen, dass Schulkameraden geohrfeigt, mit Linealen auf die Finger oder auch mit dem Rohrstock geschlagen wurden. Doch auch das wurde bald verboten. Trotzdem traute sich niemand, richtig aufzumucken. Das höchste der Gefühle war im Winter eine Schneeballschlacht auf dem Pausenhof. Wurde man dabei erwischt, musste man einen Aufsatz schreiben zum Thema: Was bei einer Schneeballschlacht alles passieren kann. Wenn wir einen richtig netten Lehrer erwischt hatten, nahm er die üblichen Schülerstreiche wie das Beschmieren des Lehrertisches mit Ruß oder das Einölen der Tafel mit Humor.

Die Umstellung von der Grundschulzeit auf das Gymnasium war gar nicht so einfach. Wir hatten nun nicht mehr eine Lehrerin oder einen Lehrer für alle Fächer, sondern für jedes Schulfach einen eigenen Pauker. Heimat- und Sachkunde wurden zu Geografie und Biologie, Mathe zu Algebra und Geometrie und ganz neu kamen Fächer wie Geschichte, Chemie oder Englisch hinzu. Überstand man die ersten drei Monate Probezeit auf der neuen Schule, war man ziemlich erleichtert. Allerdings reduzierte sich unsere Freizeit erheblich. Nicht nur, dass wir viel mehr lernen und Vokabeln pauken mussten. Wir bekamen nun auch mehr Hausaufgaben, die in der nächsten Schulstunde kontrolliert wurden. Hatte man sie dreimal nicht gemacht, wurden die Eltern informiert. Dieses Risiko wollten die wenigsten eingehen. Für die Schulstreiche gab es zwar keine Ohrfeigen oder Schläge vom Lehrer mehr. Flatterte allerdings ein Verweis zu Hause in den Briefkasten, konnte es schon vorkommen, dass der Vater oder die Mutter die Rolle des Lehrers einnahm.

Im Klassenzimmer wurde ordentlich gelernt.

Das schönste an der Schule sind die Pausen ...

Auch die Milch gehörte zum Pausenbrot dazu.

Obwohl wir eigentlich gar nicht ungern in die Schule gingen, liebten wir die Pausen natürlich ganz besonders. Wir naschten dann Brausepulver aus kleinen Tütchen, essbares Papier in verschiedenen Farben oder kleine runde Kirschlutscher an grünem Stil. Und wir tauschten wie die Verrückten Mainzelmännchenbilder. Die Wertvollsten waren die runden aus Stoff, ein jedes wurde fein säuberlich in ein extra dafür vorgesehenes Album geklebt. Wir waren fasziniert von diesen Bildchen.
Ein weiterer Hit dieser Zeit: „Slime“, ein eklig grünes Schleimzeug, das in den Haaren der Mädchen vorzüglich klebte, und später als „Slime with Worms“ noch eine Steigerung erfuhr. Wir möchten heute lieber nicht mehr wissen, was da alles drin war.
Darüber hinaus haben wir in den Pausen viel Quartett gespielt, vor allem mit Flugzeugen und Rennwagen drauf.

Mohrenkopfsemmeln und Kakaotüten

Obwohl uns unsere Eltern meist ein gesundes Pausenbrot mitgaben, einen leckeren grünen Apfel und ein Käsebrot zum Beispiel, konnten wir es nicht lassen, uns in den Pausen beim Vesperverkauf durch den Hausmeister etwas zu kaufen. Tetraederförmige Milchtüten mit Kakao-, Vanille- oder nur Milchgeschmack waren da noch das Gesündeste. Noch lieber griffen wir zu Käsestangen oder Mohrenkopfsemmeln, die ein ganz bestimmtes Ritual verlangten: Der Mohrenkopf durfte nämlich noch nicht zwischen den Brötchenhälften zerdrückt sein, das wollten wir schon genüsslich selbst machen. Die einen bissen dann herzhaft zu, die anderen zogen die Schokostückchen einzeln heraus, um schließlich nur die weiße Schaummasse auf der Semmel zu haben.

Ahoj-Brausepulver – das gehörte einfach auf jeden Schulhof.

Mit Juchee den Burgberg hinunter

Winter in der Stadt

Vielleicht verklärt die Zeit die Erinnerungen, doch waren die Winter damals nicht wirklich noch richtige Winter – kalt, schneereich und lang? Es gab doch nichts Schöneres, als sich mit voller Montur in die pulvrige weiße Masse zu werfen, Schneemänner zu bauen oder Schneeballschlachten zu zelebrieren. Oder mit dem Schlitten den Burgberg

Mit den Strickmützen auf dem Kopf und dick eingepackt waren wir gut gegen die Kälte gerüstet.

Hoffentlich schaufelt hier jemand auch das richtige Auto frei!

Nürnberg beendet das Jahrzehnt, wie es begonnen hat: es präsentiert sich einer überregionalen Öffentlichkeit. Mit dem 18. Deutschen Evangelischen Kirchentag findet eine der größten Massenveranstaltungen seit den unseligen Reichsparteitagen statt. Über 70 000 Gäste befinden sich in diesen Tagen in Nürnberg, 120 000 nehmen an der Schlussveranstaltung im Luitpoldhain teil. Kirchentagspräsident Klaus von Bismarck spricht dabei auch von der „Hoffnung durch das, was in diesen Tagen in Nürnberg an Aufarbeitung der geschichtlichen Vergangenheit geschah.“ Hier spricht Heinrich Albertz, Theologe und Politiker, zu den interessierten Zuhörern.

Chronik

Januar 1975
Michael Matthias Prechtl erhält den Kulturpreis der Stadt.

Juli 1975
Inbetriebnahme der neuen Ankunftshalle am Nürnberger Flughafen.

Januar 1976
Die Stadt gedenkt mit zahlreichen Veranstaltungen des 400. Todestages von Hans Sachs.

August 1976
Erstes Bardentreffen im Burggraben.

November 1977
Nürnberg gilt als fußgängerfreundlichste und sicherste Großstadt Bayerns.

Oktober 1978
Eröffnung des Warenhauses Karstadt.

März 1979
Flutkatastrophe in Katzwang.

Juni 1979
Evangelischer Kirchentag in Nürnberg mit 80 000 Teilnehmern

Juli 1979
Der Stadtrat beschließt die Städtepartnerschaft mit Krakau.

Bardentreffen in Nürnberg: Hauptveranstaltungsort des ersten Bardentreffens 1976 war der Tiergärtnertorplatz. 20 000 Zuhörer lauschten den einsam zur Gitarre singenden, bärtigen und langhaarigen Laiensängern und -sängerinnen. Diese mussten sich einer Jury stellen: sie thronte auf einem doppelstöckigen Bus und war u.a. mit dem jungen Thomas Gottschalk und dem Jazzbandleader Peter Herbolzheimer besetzt.

oder den Schuttberg runterzudüsen. Eingepackt in schicken Schneeanzügen, mit Gummistiefeln oder Moonboots und natürlich einer gestrickten Mütze auf dem Kopf, stürzten wir uns gerne ins Vergnügen. Für die Erwachsenen dagegen bedeuteten die harten, schneereichen Winter viel Arbeit, vor allem morgens, wenn die Autos von der weißen Masse befreit werden mussten.

Hetschelnd übers Eis

Am Alten Kanal hetschelten wir unerschrocken übers Eis – und sprangen schnell wieder auf sicheren Boden, wenn es plötzlich komisch unter unseren Füßen knackte. Eleganter sah es schon aus, als wir endlich unsere ersten Schlittschuhe bekamen. Die Bewegungen schon von den Rollschuhen bekannt, zogen wir bald anmutig unsere Runden über das Eis, probierten gar die ein oder andere Drehung, Pirouette oder einen Sprung. Obacht musste man nur geben, dass man nicht in die abgesteckten Bereiche der Eisstockschützen gelangte. Die konnten ganz schön sauer werden, wenn man mit den Schlittschuhen tiefe Kratzer ins Eis fuhr. Doch insgesamt war es immer ein lustiges Miteinander von Fußgängern, Schlittschuhläufern und Eisstockschießern auf dem Kanal.

Noch etwas schüchtern standen wir auf den Kufen, doch bald flitzten wir schon übers Eis

Der Christkindlesmarkt, die Stadt aus Zelt und Tuch

Unser Nürnberg ist neben seinen Bratwürsten und Lebkuchen wohl am meisten für seinen Christkindlesmarkt bekannt. Vier Wochen vor Heilig Abend wird die „Stadt aus Zelt und Tuch“ durch das Nürnberger Christkind eröffnet. Und auch wir standen dann am Freitagabend zwischen den Touristen und den Einheimischen und versuchten einen Blick auf die Empore der Frauenkirche zu erhaschen. Mit offenen Mündern starrten wir staunend und völlig fasziniert auf den goldenen Engel, der da jedes Jahr seinen Prolog sprach. Und wir fragten uns jedes Mal, wie dieses himmlische Wesen es jedes Jahr schaffte, allen Kindern auf der ganzen Welt in dieser kurzen Zeit ihre Geschenke zu bringen. Dass sich hinter den gol-

denen Locken und dem schönen Kleid ein ganz normales Nürnberger Mädchen verbarg, das versetzte uns später doch einen Schlag.
Mit der Eröffnung des Marktes begann der Endspurt auf Weihnachten. Das dichte Gedränge mit den vielen Touristen genossen wir als kleine Kinder noch. Mutti und Oma suchten immer ein passendes Plätzchen, damit wir etwas sehen konnten. Papa und Opa entzogen sich dem Rummel jedes Jahr. Zu Zeiten, wo wenige Touristen den Markt besuchen, ging es dann mit der gesamten Familie zur Budenstadt. Während die Erwachsenen dem süffigen Glühwein frönten und mit jedem Becher lustiger wurden, sogen wir die herrlichen Gerüche ein: Bratwurst-, Lebkuchen- und Gewürzdüfte. Und dann das viele Spielzeug an den Ständen. Wir kamen aus dem Staunen gar nicht mehr heraus. Mit leeren Händen, aber immerhin vollem Magen, gingen wir trotzdem meist nach Hause.

Weihnachten im Familienkreis

Weihnachten und auch Silvester gehörten der Familie. Daran gab es nichts zu rütteln und das war auch gut so. Erst Jahre später, wenn man die Rituale und Sitten einmal durchbrach, merkte man, wie sehr sie zu den Festtagen gehörten. Am Heiligabend hieß es nachmittags zunächst die verstorbenen Verwandten zu besuchen. Dann wurden der Reihe nach Süd-, West- und Johannisfriedhof angesteuert und den toten Onkeln, Tanten oder Großeltern ein schönes Gesteck und ein Totenlicht auf den Grabstein gestellt. Von der Kälte durchgefroren, trank man dann gemeinsam Kaffee, die Mutter bereitete schon mal das Abendessen vor. Traditionell gab es Fisch in vielen Familien oder auch einfachere Gerichte wie Würstchengulasch. Wir waren allerdings zum Essen meist sowieso viel zu aufgeregt. Immer wieder

Wir Kinder waren vor allem von dem schier endlosen Angebot an Spielsachen fasziniert und blickten sehnsuchtsvoll darauf.

blickten wir verstohlen Richtung Wohnzimmertür. Ob das Christkind wohl schon da gewesen war? Bemerkt hatten wir es nie. Dann endlich war es so weit. Die Mutter läutete mit einem Glöckchen zur Bescherung ins Wohnzimmer.

Dort bewunderte die Familie gemeinsam den mit Lametta geschmückten Weihnachtsbaum und den erleuchteten Kerzen, die aufgebaute Krippe darunter und sang gemeinsam „Stille Nacht", nachdem Vater oder Opa zuvor die Weihnachtsgeschichte vorgelesen hatten. Wir sangen zwar eifrig mit, hatten aber nur Augen für die verpackten Geschenke neben dem Weihnachtsbaum. Was da wohl alles für uns drin war? Als Kinder durften wir freilich das Privileg genießen, unsere Geschenke als erste auszupacken und meist rissen wir übereifrig das Papier herunter und freuten uns mit großen Augen über eine Barbie-Puppe, ein Matchbox-Auto oder über Kleidung. Für uns Kinder war das wirklich der schönste Tag im Jahr, denn wir durften am Abend sogar zwei Fernsehsendungen hintereinander schauen.

Stille Nacht im Kreis der Familie

Silvesterknaller

Ähnlich war das an Silvester. Von der obligatorischen Bowle durften wir nichts probieren, obwohl uns die leckeren Früchte so anlachten. Wir bekamen Apfelsaft gemischt mit Wasser, „Kindersekt" eben. Lustig wurde es meistens trotzdem, denn die Erwachsenen waren gut drauf, wir durften viel Fernsehen und natürlich bis nach Mitternacht aufbleiben. Kurz vor dem Jahreswechsel zogen wir Schuhe und Mäntel an, gingen raus und machten unsere Raketen, Böller und Knallfrösche bereit – die Knallerei konnte beginnen.

Als wir älter waren und nicht mehr ans Christkind glaubten, machten wir die weihnachtlichen Rituale natürlich trotzdem mit – einen Eklat am Heilig Abend, das wollte sich niemand erlauben, obwohl so manchen die starre Weihnachtsharmonie ziemlich nervte. Artig ging man dann noch mit in die Christmette. Oft trafen wir dort „Leidensgenossen", also unsere Freunde, und nutzten die Gelegenheit, uns danach noch zu treffen und zu quatschen.

Mehr Verständnis, dass wir den Abend mit Freunden verbringen wollten, hatten die Eltern.

Dem Kinderzimmer entwachsen

Je älter wir wurden, desto mehr verschoben sich auch unsere Freizeitinteressen. Spätestens mit Beginn der Pupertät – bei den Mädchen etwas früher, bei den Jungs etwas später – kamen wir aus dem Alter heraus, wo wir nachmittags noch mit Puppen, den Stofftieren oder den Modellautos spielen wollten. Das war doch nur noch etwas für die „Kleinen". Die Jungs bekamen Pickel, ihre Stimmen veränderten sich auf recht lustige Weise und bei manchem erschien der erste Flaum auf der Oberlippe. Bei den Mädchen waren erste Brustansätze deutlich zu sehen, wer seine Regel bekam, fühlte sich schon als Frau. An die Stelle der Tiere aus Stoff traten bei vielen Mädchen die echten, sie entdeckten ihre Leidenschaft für Pferde und fürs Reiten. Regelmäßig nahm man Reitunterricht, die Feineren im Tattersall, viele auch beim Ponyhof in Raitersaich, und half beim Ausmisten der Pferdeställe. Die meisten Jungs rümpften da nur die Nase. Sie spielten Fußball oder Handball im Sportverein und waren so auf ihre Weise sportlich aktiv.

Bei fast allen Mädchen beliebt: das Reiten

Kirchliches Engagement

Viele von uns blieben nach der Firmung oder der Konfirmation auch in der Gemeinde hängen. In regelmäßigen Gruppenstunden der Katholischen oder Evangelischen Jugend spielte man gemeinsam Brettspiele, bereitete Jugendgottesdienste vor, kickerte gemeinsam oder nahm an verschiedenen Aktionen teil, säuberte zum Beispiel an einem Vormittag die Grünflächen der Gemeinde. Mit der Zeit übernahmen einige sogar selbst die Betreuung von Jugendlichen und leiteten Jugendgruppen. Der Höhepunkt dieser gemeindlichen Arbeit waren stets die Freizeiten in den Ferien. Man fuhr mit seinen Schützlingen zum Beispiel in die Fränkische Schweiz und zeltete dort. Das tägliche Kochen, Aufräumen und Abspülen gehörte dann ebenso zum Programm wie Ausflüge, Wandertouren und Spiele. Und Freunde und Bekannte engagierte man gerne, um die kleinen Camper nachts ein bisschen zu erschrecken.

Die Uhr der Frauenkirche am Hauptmarkt

Beliebt: der Stehblues

Eins, zwei, Chachacha

Eines gehörte zum Erwachsenwerden natürlich dazu: die Tanzschule. Die Mädchen fieberten dem Ereignis meist entgegen, während die Jungen doch eher dem dringenden Rat der Eltern folgten, ein Mann müsse die Standardtänze beherrschen. Doch einen Vorteil hatte die Tanzschule auf jeden Fall: Endlich gehörten auch wir zu den „Großen“ und durften uns ganz offiziell dem anderen Geschlecht zuwenden. Aufregung und Nervosität waren riesig, als wir begleitet von unseren Freundinnen oder Freunden, meist Klassenkameraden, zum ersten Mal den Gang in den Saal der Tanzschulen Krebs oder Mellin wagten. Wir hatten uns mächtig herausgeputzt. Was würde uns erwarten? Und vor allem: was für einen Tanzpartner würde man abkriegen? Die Etikette blieb freilich immer gewahrt. Brav mussten wir uns säuberlich aufgeteilt in Mädchen und Jungen in einer Reihe gegenüberstellen. Dann hieß es – von verschämten Blicken oder nervösem Kichern begleitet – Herren- oder Damenwahl. Wir lernten den Chachacha, Jive und den Langsamen Walzer. Hatten wir Glück und keinen kleineren Jungen oder ein schüchternes Mädchen mit Zahnspange und dicker Hornbrille abbekommen, freuten wir uns auf den obligatorischen Stehblues besonders. Ein Mal pro Woche pilgerten wir zu den Tanzstunden, ein Mal zum Übungsabend.

Die Krönung des Ganzen war dann freilich der Abschlussball, meist im Deutschen Hof, zu dem auch unsere Eltern kamen, um stolz zu sehen, was wir alles gelernt hatten. Beim Walzer mit Mutter oder Vater versuchten wir dann verkrampft lächelnd diesen nicht auf die Füße zu treten.

Rechts zwei, chachacha, links zwei chachacha

Abtanzen in der Disko – das musste am Wochenende einfach sein.

Mit frisierten Ausweisen in die Disko

Mit zunehmendem Alter gaben wir uns freilich nicht mehr nur mit Ausflügen, der Tanzschule oder dem nachmittäglichen Plausch mit den Freundinnen zufrieden. Wir wollten was erleben, auch abens. In der Altstadt lockten Lokale wie der „Nachtgieger“, das „Audimax“, die „Rote Mühle“ oder – was ganz Ausgefallenes – das „Kontiki“. Dort herrschte wahre Südsee-Atmosphäre und wir fühlten uns wie in einer anderen Welt. Zum ersten Mal in unserem Leben tranken wir Cocktails, deren Konsum uns allerdings durch unseren Geldbeutel Grenzen aufgezeigt wurden. Richtig angesagt waren auch Kneipen wie der „Bärleinhuter“ oder der „Starclub“. Längst wollten wir uns auch nicht mehr mit öden und starren Tanzschritten zur Musik bewegen, sondern richtig „abhotten“. Das „White Horse“ in der Innenstadt war dafür der richtige „Rock 'n' Roll-Schuppen“, wie wir ihn nannten. Auch im „Mautkeller“ konnte man gut abtanzen zur Musik von Boney M, Abba, den BeeGees, Blondie, Baccara oder Smokie. Dass wir noch keine 18 waren, sah man uns teilweise an – mit etwas Schminke und entsprechend frisierten Schülerausweisen kamen wir jedoch meist locker durch die Eingangskontrolle.

Die große Welt zu Gast in Nürnberg: Bob Dylan

Die „Ausgeflippten“ unter den Mädchen hatten sogar amerikanische Freunde, denn die Amerikaner waren sehr präsent in der Stadt. Konzerte fanden im Rührersaal oder im „Zündholz“ statt. Mit ihren deutschen Texten erlangte die Nürnberger Band „Ihre Kinder“ mit ihrer Popmusik überregionale Berühmtheit. Rio Reiser hatte die Nürnberger Provinz, die ihm zu eng geworden war, längst Richtung Berlin verlassen und gehört der Band „Ton-Steine-Scherben“ an. Seinen Werdegang verfolgten wir aber mit großem Interesse weiter.

Die ganz große Welt kam in Gestalt von Bob Dylan 1978 nach Nürnberg. 70 000 Zuhörer und auch wir ließen uns diesen Superstar der Folk- und Protestsongs live auf dem Zeppelinfeld nicht entgehen und feierten unser Musikidol auf historischem Areal. Entspanntes Herumlümmeln unterschied diese Massenveranstaltung deutlich vom strammen Marschieren am selben Ort vierzig Jahre früher.

Bob Dylan, Idol vieler Jugendlicher, trat auch in Nürnberg auf.

Erste Annäherungsversuche im Kino

Wollten wir es etwas ruhiger angehen lassen und uns trotzdem gut unterhalten lassen, war Kino angesagt. Gerade in der Südstadt gab es viele davon, kleine Spelunken teilweise, die man bei Tageslicht lieber nicht sehen wollte. Doch bei uns Jugendlichen waren das „Zentralkino“, „Humboldtkino“, „Dianakino“ oder „Filmeck“ total angesagt.

Ob deutsche Filme wie „Die Ehe der Maria Braun“ oder „Die Blechtrommel“, oder „Der weiße Hai“ und „Star Wars“, den sogenannten Blockbustern aus den USA – wir liebten es, uns in eine andere Welt versetzen zu lassen. Ein Geheimtipp war das Kino auch für erste Annäherungsversuche zum anderen Geschlecht. Wenn der weiße Hai auf der großen Leinwand einem Surfer das Bein abbiss, konnte man als Junge ganz beschützend einen Arm um seine Nachbarin legen und diesen dann auch so schnell nicht mehr runter nehmen.

„Der Weiße Hai“ zog auch bei uns die Menschen in die Kinos.

Endlich mobil, endlich eine Ente!

Endlich 18

Zu Fuß, mit dem Rad oder dem Moped unterwegs zu sein – das sollte nun endlich ein Ende haben. Der Führerschein musste her und war unser größter Wunsch zum 18. Geburtstag. Zuvor folgte natürlich der Gang in die Fahrschule. Die Theorie erledigten wir ganz lässig bis gelangweilt, die Fahrstunden selbst waren da schon wesentlich aufregender. Die heimlichen ersten Fahrversuche mit älteren Freunden halfen uns im Dickicht des Nürnberger Straßenverkehrs nichts. Eine Fahrt über den Plärrer kosteten sowohl Schüler als auch Fahrlehrer gehörig Nerven. Unerbittlich ließ uns der Fahrlehrer in enge Parklücken einparken, versuchte uns verkehrt in Einbahnstraßen zu schicken und ließ uns mit gefrecktem Motor mitten auf einer viel befahrenen Kreuzung stehend solange schwitzen, bis wir den Motor wieder zum Laufen brachten. Die Überlandfahrten, wo wir mal so richtig Gas geben konnten, genossen wir da schon mehr.

Hielt man den begehrten Lappen dann endlich in Händen, dann gehörte man endgültig zu den Erwachsenen und den Coolen. An einen eigenen fahrbaren Untersatz war allerdings für die meisten von uns gar nicht zu denken. Da gab es nur eine Methode: am Wochenende mutierte man zu Mustersohn oder -tochter, mähte Rasen oder half der Mutter im Haushalt, um dafür am Abend Papas Auto zu bekommen.

Eisern legte man jeden Pfennig auf die Seite, für das große Ziel: das eigene Auto. Stand der Käfer, Golf oder eine Ente schließlich vor der Tür, war es ganz egal, dass das Gefährt alt, gebraucht und verrostet war. Das Auto bedeutete endlich Freiheit und Unabhängigkeit, mit dem wir der Kindheit und Jugend endgültig davonfahren konnten.

Auf geht's zur Fahrt in die Freiheit - die manchmal auch im Stau endete...